AF233820

42
Lb 491.

au C. Daire.

# DISCOURS

## *POUR LA PAIX*

## CONCLUE AVEC L'EMPEREUR,

*Prononcé le 20 Nivôse an VI de la République, par le cit. BOUILLEROT, Ministre du culte catholique à Ro-mi...-sur-Seine.*

ELLE nous eſt enfin accordée, mes très-chers frères, cette paix, l'objet de nos deſirs les plus ardens, & de notre attente la plus vive. Miniſtre de charité, avec quelle joie je vous l'annonce cette paix aimable & délicieuſe ! A qui devons-nous une telle faveur ? Au Tout - Puiſſant ; au ſouverain diſpenſateur des événemens, qui diſtribue à ſon gré les ſuccès & les revers, affermit & détruit les empires, élève & abaiſſe les nations comme il lui plaît. Ce Dieu infiniment libéral nous avoit comblés de ſes dons. Ingrats ! nous en avons abuſé ; nous avons outragé ſa majeſté ſainte ; le cri de nos iniquités est monté jusqu'aux cieux. Il a donc étendu sur nous son bras vengeur ; il nous a tous frappés, parce que nous étions tous coupables ; il a dépouillé les riches, renversé les potentats de leur siège, humilié toute grandeur, bouleversé cette ancienne Monarchie, pour apprendre à l'univers qu'il est seul maître, seul redoutable, seul puissant, *unus potens & metuendus nimis* ( 1 ).

Étonnés de nos lois nouvelles, & tremblans pour leurs trônes, tous les rois se soulèvent & se liguent contre nous. Une guerre terrible s'allume de toutes parts ; le bruit des armes rétentit au loin ; les phalanges ennemies se débordent sur nos frontières comme un torrent impétueux. Comment soutenir tant d'assauts ? Comment repousser cette masse énorme de forces réunies contre nous ? Ah ! la France devoit succomber & périr mille fois, si la Providence n'eût veillé sur elle, & fermé l'abîme ouvert sous nos pas. Mais le Dieu de nos pères s'est souvenu de ses anciennes miséricordes ; le Dieu d'Israël s'est déclaré en notre faveur, a protégé nos armées, & combattu pour nous : il a inspiré à nos généraux les desseins les plus

_______________

( 1 ) Eccli. 1. 8.

hardis, mais les plus heureux ; rempli nos fol-
dats d'un courage intrépide : rien ne les effraie,
ni les glaives menaçans qui étincellent à leurs
yeux, ni les foudres d'airain qui tonnent fur
leurs têtes. Transformés en autant de héros ,
ils affrontent tous les périls & la mort même.
Ils fondent fur l'ennemi avec la rapidité de
l'aigle & la fureur des lions. Tout cède à
leur valeur ; les fuccès fe multiplient avec
les obftacles ; la victoire les couronne conf-
tamment. Que de conquêtes! quels triom-
phes! ils étonnent l'univers , & nos neveux
les croiront à peine.

Louons, mes tres-chers frères, exaltons
nos braves guerriers ; mais adorons l'auteur
fuprême de tant d'exploits ; rapportons-lui
tout l'honneur de ces merveilles ; c'eft là fon
ouvrage & le fujet de notre admiration , *à
Domino factum eft iftud* ( 1 ). Chantons des
hymnes & des cantiques d'actions de graces
en l'honneur du Très-Haut qui a fignalé
pour nous les prodiges de fa magnificence,
de fa gloire, de fa puiffance & de fa bonté :
*Cantemus Domino , gloriosè enim magni-
ficatus eft.* ( 2 )

---

( 1 ) Pfal. 117. 22.
( 2 ) Exod. 15. 1.

En nous félicitant de nos prospérités, pourrions-nous cependant, mes très-chers frères, nous défendre d'un juste sentiment de douleur ! En effet, si nos trophées sont glorieux, ce n'est que sur des monceaux de cadavres qu'ils ont été élevés : si nos lauriers font brillans, qu'ils ont coûté de larmes ! que de sang versé en a terni l'éclat ! Ah! la guerre la plus heureuse est toujours un fléau pour l'humanité.

Loin de nous ces réflexions tristes & amères. Ne pensons qu'à l'objet de cette solemnité ; ne nous occupons que de la paix. A ce doux nom, livrons nos ames aux transports d'une vive allégresse ; qu'une joie pure brille dans nos yeux, s'épanouisse sur nos fronts, éclate dans nos chants, anime toutes nos actions : mais dans les épanchemens de notre joie, évitons tout excès. Que la tempérance préside à nos festins, la décence à nos jeux, la modération à nos plaisirs, la sagesse à nos fêtes. Réjouissons-nous, mais que ce soit dans le Seigneur. *Gaudete in Domino* ( 1 ).

Voilà les sentimens que doit nous inspirer l'heureuse proclamation de la paix. Puis-

______

( 1 ) Ad Philip. 4. 4.

fions-nous jouir long-temps de fes faveurs !
Puiffe cette paix être auffi folide & durable,
qu'elle eft avantageufe & falutaire pour les
peuples !

Mais il ne fuffit pas d'avoir la paix au
dehors ; il nous faut encore une paix intérieure. C'eft elle fur-tout qui peut guérir
nos maux , rendre au corps focial fa pre-
mière vigueur, réunir ce qui eft divifé ,
affermir ce qui eft chancelant , confoler ce
qui eft affligé. Et quand je parle d'une paix
intérieure , j'entends cette paix véritable,
fondée fur l'amour de l'ordre, fur les fenti-
mens religieux , fur les rapports nobles &
intimes qui nous lient à la divinité & à nos
femblables. Retenez bien , je vous prie, ces
trois vérités importantes. Qui n'a pas la
paix avec Dieu par l'efprit d'une adora-
tion profonde, par une foumiffion humble
& parfaite aux décrets éternels , eft comme
un vaiffeau fans pilote, fans voiles, & battu
par la tempête. Qui n'a pas la paix avec foi-
même par le témoignage d'une confcience
pure, & l'accompliffement fidèle de fes de-
voirs , trouve dans fon propre cœur fon
tourment & fon bourreau. Qui n'a pas la
paix avec les autres, c'eft-à-dire, la paix
avec fa femme, fes enfants, fes proches,

A 3

ſes ſerviteurs , ſes voiſins , ſes concitoyens, vit dans une anxiété perpétuelle , & ne voit autour de ſoi que des ennemis.

Cherchons donc la paix, mes très-chers frères, la paix ! ce bien ſi précieux ; conſervons - la, s'il eſt poſſible , avec tous les hommes ; aimons-la même avec ceux qui la haïſſent. Quand ils nous parlent avec dureté , répondons avec douceur. Un langage doux & affectueux appaiſe la colère, déſarme les ennemis, & multiplie les amis, *verbum dulce multiplicat amicos.* (5) Poſſédons nos ames dans un calme inaltérable. L'homme patient, dit l'écriture, eſt préferable à l'homme courageux ; & celui qui maîtriſe ſon cœur, eſt plus grand que celui qui aſſiége des villes : *melior eſt patiens viro forti.* (6) Puiſque nous ſommes obligés de vivre en ſociété avec les autres, employons tous les moyens qui peuvent nous les rendre aimables: enviſageons-les ſous les rapports les plus avantageux , & jettons un voile ſur leurs défauts. Conſidérons attentivement nos imperfections qui ſurpaſſent peut-être celles de nos frères. Ayant ſi be-

---

(1) Ecli. 6. 5.
(2) Proverb. 16. 32.

foin d'indulgence pour nous-même, n'est-
il pas juste que nous en ayons pour eux ?
Supportons-les avec bonté, condefcendons
à leurs foiblefle, cédons par prudence &
par humilité, oublions les ingratitudes,
pardonnons les injures. En un mot, faifons
pour la paix tous les facrifices, ) excepté
celui de la confcience : *quæ pacis funt fec-
temur* (1) Par notre affabilité, nos préve-
nances, nos foins obligeans, nos bienfaits,
forçons les méchans eux - mêmes à nous
aimer; triomphons de leur malice, & ga-
gnons les cœurs. Voilà les plus glorieufes &
les plus douces victoires, *noli vinci a malo,
fed vince in bono malum.* (2) Sur-tout, mes
très-chers freres, je vous en conjure au nom
de la patrie, au nom de la religion, banif-
fez à jamais le fouvenir des divifions &
des troubles qui ont pu s'élever parmi vous
dans ces jours orageux de la révolution ;
étouffez dans vos ames tous les germes de
difcorde & de haine, réconciliez-vous fin-
cérement, donnez-vous le baifer de paix :
une réunion fraternelle fera le plus bel or-
nement & la jouiffance la plus délicieufe de

_______________

(1) Rom. 14. 19.
(2) Ibid. v. 21.

cette fête. *Charitate fraternitatis invicem diligenter.* (1)

Telle eſt la morale ſimple & ſublime tout enſemble que le chriſtianiſme nous enſeigne. En eſt-il une plus favorable à l'humanité, plus amie de l'ordre ſocial ? Ah! l'évangile a pour principe & pour fin la charité; charité, le caractère diſtinctif des vrais fidèles, & dont Saint Paul nous fait une peinture ſi naturelle & ſi touchante. La charité dit ce grand apôtre, eſt patiente & douce; incapable d'envie, d'ambition, de fierté, d'orgueil; toujours diſpoſée à juger favorablement du prochain, ingénieuſe à l'excuſer; affligée de ſes diſgraces, ſenſible à ſes proſpérités, zélée pour ſes intérêts aux dépens des ſiens même, heureuſe de ſon bonheur, *charitas benigna eſt.* (2) Que la charité, la grace & la paix ſoient avec vous, mes très-chers freres; qu'elles ſoient avec tous les Français, qu'elles ſoient avec tous les hommes, ainſi ſoit-il.

*Réflexions ſur les troubles de la ſociété et la méchanté des hommes.*

Hélas! pourquoi ces diviſions perpétuel-

_______________

(1) Rom. v. 10.
(2) 1. Corinth. 13. 14.

les, ces haines furieuses, ces guerres intes-
tines qui troublent & déchirent la société ?
Est-ce la leçon que nous donne le spectacle de l'univers ? Voyez quelle harmonie
règne dans la nature ; avec quelle tranquil-
lité majestueuse les astres divers fournissent
leur carrière, sans se combattre, ni se tra-
verser dans leur course. Le soleil s'élève-
t-il contre la lune ? que dis-je ? il lui prête
sa lumière, & l'embellit de ses rayons. Les
animaux eux-mêmes les plus féroces sem-
blent se respecter dans leurs semblables, &
ne s'irritent ordinairement que contre ceux
d'une espèce étrangère. O perversité mons-
trueuse! L'homme seul s'arme contre l'homme ; il persécute & tourmente son frère, il
se complaît dans son infortune, il s'abreuve
de ses larmes, il se baigne dans son sang.
Et voilà cet homme si fier de son excellence,
cet homme, le chef-d'œuvre du Très-haut.
Ah ! il surpasse les tigres en cruauté, &
les esprits infernaux en malice. Indigné des
atrocités & des horreurs qui se commettent
sur la terre, je me suis écrié cent fois ; que
ne m'est-il donné d'habiter dans les sombres
forêts, ou dans les déserts arides, j'y trou-
verois plus de repos & de sûreté que parmi
les hommes.

Citoyens ! foyons vertueux & bons. La vertu fera notre bonheur ; la bonté fera celui de tous ceux qui nous environnent. Oui, je voudrois que les hommes fe chériffent tendrement, & vécuffent en freres. La paix eft dans mon ame, fur mes levres, dans mes foibles écrits. Que ne puis-je la porter & l'établir à jamais dans tous les cœurs.

# HYMNE

*Sur la grandeur & la bonté de Dieu.*

Air. *Allons, enfans de la Patrie.*

PARCOURONS l'immense nature,
Elle annonce un Dieu créateur,
Du ciel l'admirable structure
Parle hautement de son auteur.          ( *bis.* )
Des astres la vive lumière
Est un rayon de sa beauté.
Soleil, tu peins sa majesté
Dans ta noble & vaste carrière.
Peuples, de l'Eternel, révérez les grandeurs,
Chantez, Chantez son nom, célébrez ses faveurs.

Qu'il est digne de nos hommages
Ce Dieu si sage & si puissant !
Il existe avant tous les âges :
En maître il commande au néant.          ( *bis.* )
Il dit : sa parole féconde
A produit les êtres divers :
Il règne dans tout l'univers,
Aux cieux, sur la terre & sur l'onde.
Peuples, de l'Eternel, &c.

C'est lui qui des saintes montagnes
Règle les jours & les saisons ;
C'est lui qui couvre nos campagnes
D'abondantes, riches moissons.          ( *bis.* )
Sa providence paternelle
Veille sans cesse à nos besoins ;
Le pauvre est l'objet de ses soins :
Heureux qui se confie en elle !
Peuples, de l'Eternel, &c.

O toi ! la plus augufte image ,
Miroir de la divinité ,
Homme , refpecte fon ouvrage ,
Et reconnois ta dignité.                    ( bis. )
Du Dieu faint qui t'a donné l'être ,
Deviens fidèle imitateur ;
Qu'un feu facré brûle en ton cœur ,
Brûle à jamais pour ce bon maître.
Peuples , de l'Eternel , &c.


Nos corps vil amas de pouffière ,
Au tombeau defcendront un jour :
L'efprit , dégagé de matière ,
S'envole au célefte féjour.                    bis.
Du méchant , à fes loix rebelles ,
Dieu confondra l'impiété :
De gloire & de félicité
Il comblera l'ame fidéle.
Peuples, de l'éternel , &c.


Du tout puiffant fils adorable ,
Qu'il produifit avant le jour ,
Sa fplendeur , fon verbe ineffable ,
Reçoit avec lui notre amour.                    bis.
A l'efprit faint , fource éternelle ,
De l'immuable vérité ,
Principe de la charité ,
Suprême honneur , gloire immortelle ,
Peuples , de l'Eternel révérez les grandeurs !
Chantez , chantez fon nom , célébrez fes faveurs

www.ingramcontent.com/pod-product-compliance
Lightning Source LLC
LaVergne TN
LVHW010245030726
842520LV00007B/2757